AF497367

CORRESPONDANCE

APOSTOLIQUE

DES ÉVÈQUES LÉGITIMES

FRANÇAIS,

EXILÉS POUR LA FOI,

Avec les Administrateurs généraux
catholiques résidens en France.

RENOUVELLEMENT ET CONCESSION
DES POUVOIRS.

---

*Aux Fidèles Catholiques orthodoxes de l'ancien
Diocèse et Métropole de Toulouse (le siége vacant),
Salut en N. S. J.-C.*

En vous procurant, N. T.-C. F., la consolante
lecture des pouvoirs, ci-joints, d'exercer l'humble
et saint ministère de notre Seigneur JÉSUS-CHRIST
envers son petit troupeau, ce petit nombre de ses
fidèles ouailles qui, par sa grâce et par le concours
de leurs volontés, ne se sont point mélangées avec
les persécuteurs revêtus de la peau de brebis ;
pouvoirs que plusieurs de nos légitimes évêques,
qui n'ont jamais donné la démission de leurs siéges,
non plus qu'ils n'ont fait l'aban!on des ouailles de
J.-C., accordèrent à feu M. LUCRÈS, notre bon
Supérieur, à la foi et aux mérites duquel nous

sommes tous redevables de les posséder ; nous avons en cela le dessein de vous faire partager le bonheur et l'accroissement de la foi en J.-C. , que cette lecture nous a fait ressentir.

Par ces écrits si précieux , ces charitables et bons évêques , quoique morts pour cette terre , mais vivans dans le ciel , nous fournissent la preuve incontestable et continuelle du saint désir qu'ils ont eu de conserver la foi et la doctrine de J.-C. pure et intacte sur leurs siéges , devenans vacans par leur mort , mais toujours subsistans (*a*).

En effet , N. T.-C. F. , le siége de J.-C. , la chaire de J.-C. , étant le signe de l'autorité divine pour enseigner ses Fidèles (*b*) , et J.-C. étant avec ses Apôtres , de même qu'avec leurs successeurs qui croient en lui par leurs paroles , jusqu'à la consommation des siècles , il les envoie et il les place sur cette même chaire , sur ce même siége , lequel multiplié par toute la terre , tous ces siéges viennent se concentrer et se réunir dans celui de Pierre , qui est principalement le Saint-Siége apostolique.

Ainsi le St.-Siége et les autres siéges étant tous ensemble le siége que J.-C. occupe avec chacun de ses Apôtres , comme avec chacun de leurs

---

(*a*) *Beatus vir qui non abiit in consilio impiorum..... et cathedra pestilentiæ non sedit !* Ps. 1 , v. 1.

(*b*) *Jesus cùm sedisset , docebat eos dicens ; beati , etc.* (Math. v , 12 et 3) *sedente autem eò super montem Oliveti... dixit eis : Videte ne quis vos seducat ; multi enim veniant in nomine meo et seducant multos.* (Ibid. xxiv , 3. 4. 5.) *Sedebam , docens in templo , etc.* (Ibid. xxvi , 55).

successeurs légitimes, jusqu'à la consommation des siècles, et qu'il occupe même pendant le siége vacant, chaque siége si bien occupé ne peut être perpétuellement éteint, supprimé, annullé, du moins sans observer les formes canoniques, de rigueur en pareil cas. Vous en verrez la preuve irréfragable dans la pièce n°. 5, où il est dit que, » dans ces temps extraordinaires et pendant la » vacance du siége de Pamiers, les chanoines, » qui représentent le clergé du diocèse, ont eu le » droit de confier le dépôt des pouvoirs de la » jurisdiction spirituelle de l'église à un ecclésias- » tique, qui est devenu, par là, le supérieur du » chapitre lui-même, et l'administrateur spirituel » de l'ancien diocèse de Pamiers ».

Nous en voyons aussi la preuve manifeste dans la personne de quelques-uns de nos évêques légi- times survivans, auxquels » celui qui est sembla- » ble au fils de l'homme peut dire comme à l'ange » assis sur le siége de Sardes : *Scio opera tua, quia* » *nomen habes quod vivas....* (a) ».

Or, N. T.-C. F., il n'y a, à proprement par- ler, que deux royaumes, que deux peuples, dit un Père de l'Eglise ; » le royaume de J.-C. et le » royaume du Diable. Dans celui de J.-C. se trou- » ve la chaire de vérité, le siége et la doctrine de » J.-C. Dans celui du Diable s'élève la chaire de » pestilence, où se fait entendre cette bouche in- » fernale : *Os loquens ingentia* (b).

C'est de ces deux peuples, dont l'un pratique la

(a) *Apoc. c. III, v. 1.*
(b) *Dan. VII., 8.*

doctrine de J.-C. et l'autre cherche à séduire, ou à se laisser séduire par les paroles insidieuses de la bouche diabolique, qu'il est dit qu'on verra des soulevemens de peuple contre peuple, de royaume contre royaume. Or, c'est ce qui est prédit devoir arriver, quand, par toute la terre, » les nations » seront dans l'abattement et dans la consternation, » les hommes séchans de frayeur dans l'attente des » maux dont le monde entier se verra menacé, » lorsque les vertus du ciel s'ébranleront, que les » étoiles tomberont (a), que le soleil s'obscurcira » et que la lune sera sans lumière ; tandis qu'à » travers tous ces maux tout retentira de chansons, » d'instrumens, de jeux, de dissolution, d'ivro- » gnerie, de luxe, d'avarice, de volupté et de » tout ce qui peut être commis d'excès de tout » genre et plus que jamais, parmi les enfans des » ténèbres avec lesquels se voit confondu le mys- » tère d'iniquité sorti de l'Eglise, où il était caché ; » (b) composé de ces hommes *amateurs d'eux-* » *mêmes , blasphémateurs , ingrats , désobéissans à* » *leurs parens , scélérats , traîtres , perfides.....* » ayant une apparence de piété, en en détruisant » la réalité, de ces hommes, enfin, qui résistent » toujours à la vérité ;.... mais dont la folie et la » confusion ne tarderont pas à être connues de

---

(a) *Stellæ sunt Angeli (aut Episcopi) Ecclesiarum.* Apoc. c. 1 , v. 20.

(b) 2. *ad Thess.* 11 , 7. 8. — *Vide Epist. respons. Pii VI ad quosdam Episcopos Gall. , dat. ex Cœnob. Cartus. propè Florent.* 10 *Nov.* 1798.

» tout le monde *(a)* ».

Mais que veut donc dire ce soleil obscurci et cette lune sans lumière, continue le même Père, sinon que dans ce temps l'Eglise disparaîtra, en quelque sorte, par l'excès de la fureur et de la fourberie des impies qui la persécuteront, et qui, se voyant au plus haut dégré de la félicité mondaine, et se croyant par là à couvert de toute crainte, diront tous en eux-mêmes, séducteurs et séduits, » Nous voilà en paix et en sureté ? *(b)* ».

Et que veulent dire ces étoiles qui tomberont du ciel et ces puissances célestes ébranlées, sinon que plusieurs de ceux-même qui paraissaient tout rayonnans de grâce succomberont sous la persécution de violence et de séduction ; c'est-à-dire que les Fidèles-mêmes les plus fermes seront ébranlés, et que la chûte de plusieurs sera un effet et une suite de la tribulation qui aura précédé ? Car, dans toutes les nations, il se trouvera de ceux qui composent les deux peuples et les deux royaumes, c'est-à-dire, et la société de ceux qui persécuteront, séducteurs et séduits, et la société des persécutés, les enfans de Dieu, qui suivent l'agneau de Dieu par toutes les voies par où il lui plaît de les conduire, et dans laquelle le soleil de justice, J.-C., sera comme obscurci, où la lune, l'Eglise de J.-C., sera entourée de ténèbres, où les puissances célestes seront ébranlées, et d'où les étoiles tomberont ; ce qui veut dire que les lumières de l'Eglise, évêques et docteurs, apostasieront en grand nom-

---

(a) 2. *ad Timoth.* III. 1, 2, 3, 4, 7, 8.
(b) 1. *ad Thess. c.* V, *v.* 3.

bre , et prêcheront à ceux qui n'aiment pas la saine doctrine , celle qui plaira à leurs oreilles *(a)* , en leur annonçant des fables au lieu de la vérité.

Que signifient donc tous ces soulevemens de peuples et de nations contre nations ? Que présagent toutes ces constitutions d'athéïsme ? Que veut dire , que ces nations , dans les deux hémisphères, ne veulent être gouvernées que par des lois qui excluent la divinité ? Que nous annoncent enfin ces mélanges des susdites puissances du royaume du ciel avec les puissances des ténèbres , sinon que nous touchons à une époque plus coupable que celle du temps du déluge et du premier avénement de J.-C. ; temps où du moins les hommes croyaient à la divinité ? *(b)*.

Malgré cette confusion et cette multitude effrayante de maux , ne craignez point , petit troupeau , qui composez le royaume de Dieu ! *Nolite timere pusillus grex (c)*. Trouvez vous heureux de souffrir persécution pour la vraie justice , et soyez inébranlable dans votre attachement à la chaire de J.-C. et à la doctrine qu'il vous y enseigne ; conservez la douceur de l'agneau au milieu dés loups : Le monde en était plein , dit St.-Chrysostôme , quand J.-C. envoya douze agneaux , qui , par leur douceur et par leur patience , convertirent ces loups en agneaux ; mais maintenant ce sont les agneaux qui deviennent des loups et qui en contractent la férocité , en communiquant avec eux

____

(a) 2. *ad Timoth. c* IV , *v.* 3 , 4.
(b) Voyez instruct. des 48 évêques.
(c) *Luc.* XVI , 32.

d'une manière ou d'une autre, et qui, en s'obs-
tinant à ne vouloir pas écouter les inspirations de
l'Esprit-Saint, s'amassent un trésor de colère pour
le jour de la manifestation du juste jugement de
Dieu. Ainsi, comme les fausses opinions s'enraci-
nent d'autant plus dans l'âme, qu'on s'en occupe
davantage, les impies se servent de la fausse res-
semblance de ces *faux catholiques* avec les vérita-
bles, pour séduire, de plus en plus, ceux qui
seraient sans précaution dans la bergerie du bon
pasteur : *Caveatis ne ullô modô communicetis cùm
eis, præsertim in divinis* (a) ; et St. Paul l'avait
dit auparavant : *Videte ne quis vos decipiat per
philosophiam et inanem fallaciam* (b).

Que votre patience à soutenir le nouveau genre
de persécution du mépris, du ridicule, du dédain,
etc. adopté pour la désoler, leur serve de remède
dans leurs maux spirituels, et de pansement pour
les plaies de leur âme, et les ramène dans le
chemin de la vérité ! *Faisons du bien à tout le
monde pendant que nous en avons le temps*, dit le
grand Apôtre, et ne nous en lassons jamais ! (c)
Travaillons à les faire rentrer dans la voie du
salut et à les retirer de celle de la perdition, et
que chacun, pour cela, emploie ce qui dépend
de lui, ne se rebutant jamais de cette bonne
œuvre ; car, " comme les mulets et les chevaux,
" dit St.-Augustin, qui sont des animaux privés
" de raison, et qui mordent et ruent ceux qui

____

(a) *Vide brev. Pii VI.*
(b) *Ad Coloss. c. II, v. 8.*
(c) *Gal. VI, 10.*

» pansent leurs plaies , ne sont point abandonnés
» par ceux qui les soignent, qu'ils ne soient gué-
» ris , malgré le péril qu'on encourt en les soi-
» gnant, et au prix des douleurs qu'ils ne vou-
» draient pas souffrir, combien moins devons-nous
» donc abandonner nos semblables et nos frères ?
» et que ne devons-nous point faire pour les em-
» pêcher de périr éternellement , eux qui , dès
» qu'ils auront renoncé à l'erreur et à la société
» des persécuteurs , comprendront que la vérité
» qu'ils avaient en aversion , était le plus grand
» bien qu'on pouvait leur procurer ? Et ne déses-
» pérons jamais de ceux dont nous parlons , dès
» qu'ils sont encore en vie ».

Daignez , ô bon Jésus ! écouter et exaucer les
prières , toutes de feu , que nous vous adressons ,
et jettez un regard de récipiscence sur ceux qui ,
pasteurs ou brebis, dans la maison de Dieu votre
Père , se sont laissé séduire et entraîner dans la
caverne des voleurs , de ceux qui dérobent tous
les dons de Dieu.

O vous , nos très-chers coopérateurs ! prêtres
constamment fidèles , confesseurs martyrs de J.-C.,
survivans à toutes les épreuves de la persécution la
plus violente, la plus longue et la plus insidieuse
(a) qui ait jamais été inventée contre les enfans
de Dieu ! Vous qui n'avez pas manqué au martyre et qui en recevez encore tous les jours la
couronne par vos bons désirs ! » *quibus, ergo,*
» *vos laudibus prædicem , fortissimi Fratres. Quò*

____

(a) Voyez l'instruct. de Pie VII aux évêques d'Italie ,
29 Mai 1808.

» *præconiò vocis , perseverantiam fidei , robur pec-*
» *toris vestri exornem ?.... O beatam ecclesiam*
» *nostram , quam sic honor divinæ dignationis illu-*
» *minat, quam temporibus nostris , vestra illustrant*
» *vulnera ! (a) ».*

» *Sed gravior forsàn et ferocior pugna nunc im-*
» *minet ad quam fide incorruptâ, nos parare debemus;*
» *considerantes nos ideireò quotidiè calicem sangui-*
» *nis Christi bibere , ut possimus , et ipsi nos ,*
» *propter Christum sanguinem fundere.... Semel*
» *vincit, qui statim patitur ; at verò , qui manens*
» *semper in pænis , congreditur cum dolore (nec*
» *tamen vincitur) , quotidiè coronatur.... Porrò,*
» *cùm mori morientem necesse sit , amplectemur*
» *occasionem de divina promissione venientem et*
» *fungamur exitu mortis cum præmio immortalita-*
» *tis.... Ubicumquè , in illis diebus , unusquisque*
» *Fratrum fuerit à grege interim , corpore, non*
» *spiritu separatus (proptèr violentiam persecutionis)*
» *non moveatur ad fugæ illûs horrorem , nec loci*
» *solitudine terreatur. Solus non est, qui templum*
» *Dei servans , ubicumquè fuerit, sine Deo non*
» *est (b) ».*

Mais, N. T.-C. Confrères, il n'y a de vrais
martyrs que ceux dont parle J.-C. , quand il dit :
» *Bienheureux sont ceux qui souffrent pour la jus-*
» *tice :* » ceux donc qui souffrent pour l'iniquité,
qui se mentent à eux-mêmes, en abandonnant

(a) *St. Cypr. epist.* ix , *ad confess. mart. edit. Pamel.*
(b) *S. Cypr. ad Thybar. et passim.*

l'Eglise de Dieu *(a)* pour faire un schisme sacrilège, duquel les auteurs et consécrateurs sont du nombre *de ces hommes sans Dieu (b)* dont l'ère présente fournit l'unique exemple dans les annales du monde ; ceux-là (leurs complices) vinssent-ils à souffrir la persécution, ne pourront espérer la gloire du martyre, parce qu'ils ne souffriraient pas pour la justice, non plus que Coré, Dathan et Abiron, tenant pourtant leurs encensoirs en main, ne la gagnèrent point, lorsqu'ils souffrirent l'effroyable châtiment dû à leur schisme.

O vous, vénérables vétérans ! intrépides défenseurs du siége de J.-C. et de sa sainte doctrine ! sachons, ensemble, soutenir avec dignité la belle cause de Dieu, que nous défendons contre *ces hommes sans Dieu* et contre leurs complices qui leur servent *d'image* pour faire adorer *leur bête,* comme ils faisaient adorer *leur arbre de liberté,* mort qu'il était, et leur dire à-propos, comme Moïse, le plus doux des hommes, *multùm erigimini filii Levi (c).*

Sachons aussi dire au fidèle troupeau que Dieu nous a confié et lui répéter souvent les paroles suivantes : *Separamini da medio congregationis hujûs.... et recedite à tabernaculis hominum impiorum, ne involvamini in peccatis eorum (d).* » *Absit*

(a) Ex nobis prodierunt, sed non erant ex nobis, nam si fuissent ex nobis permansissent utiquè nobiscum, 1. *JOANN. c.* 11, 19.

(b) Voyez l'instr. pastor. des 48 évêques en 1798.

(c) Num. XVI, 7.

(d) Ibidem 21 *et* 27.

» *autem , nec misericordia Domini patiatur , ut*
» *Ecclesia Dei esse dicatur lapsorum numerus , cùm*
» *scriptum sit , Deus non est mortuorum sed vivo-*
» *rum* », S. CYPR. *ad lapsos epist.* XXVI.

Sachons aussi discerner les temps ; car ceux qui refusent d'obéir , dans ces jours mauvais , aux lois iniques et souillées d'athéïsme que les puissances terrestres portent ou font exécuter contre la vérité de Dieu , acquièrent certainement une grande récompense, en obéissant plutôt à Dieu qu'aux hommes. Et si, d'autre part , un père naturel veut entraîner son fils dans la société des voleurs et des impies , cet enfant ne doit-il pas évidemment se refuser à abandonner la société des enfans de Dieu, sans manquer au respect qu'il doit à son père ? N'en est-il pas de même si notre Père spirituel , quel qu'il soit dans l'ordre de la religion , se laisse entraîner , par faiblesse ou par tout autre sentiment, dans cette société de larrons de tous dons et biens de Dieu ? Devons-nous l'y suivre, parce qu'il nous dira que ces larrons sont devenus de vrais enfans de Dieu , membres de l'Eglise de J.-C. ? Devons-nous prier avec cette république et avec ceux qu'elle séduit ? Non , sans doute , mais nous prions séparement et pour la conversion d'un chacun, afin de n'être point enveloppés dans leurs prévarications : *Ne involvamini in peccatis eorum.*

Mais ne nous démontrons jamais contr'eux qu'avec les armes que J.-C. nous met en main , à savoir, celles de la douceur, de la patience, de la bonté , de la longanimité , et donnons-leur ce bon exemple de n'être plus qu'un entre tous, sous ce divin chef, dans l'unité de son corps mystique, et faisons qu'on puisse dire de nous, ce qui est dit des premiers chrétiens, » qu'ils n'étaient tous » qu'un cœur et qu'une âme (a) ». Aimons-nous comme des frères et en J.-C., qui, pour nous fortifier dans ces sentimens et pour augmenter notre foi dans ces temps d'impiété générale, nous a transmis ses pouvoirs spirituels par l'entremise de nos évêques légitimes et par celle du digne et respectable administrateur, grand-vicaire de cet ancien diocèse et métropole de Toulouse, feu M. LUCRÈS, auquel nous prions Dieu de faire miséricorde, principalement à cause de ce bienfait inappréciable.

En tant que de besoin, nous déclarons donc, par ces présentes, que les cinq pièces suivantes ont été copiées exactement et imprimées sur les titres originaux que nous possédons et que nous avons déjà montrées à plusieurs d'entre nos confrères, qui en peuvent rendre témoignage *à qui il conviendra.*

Que la grâce, N. T.-C. F., la paix et la charité soient avec tous ceux qui aiment N. S. J.-C. !

Si quis autem non amat D. N. J.-C., anathema sit (b).

A Toulouse, le trentième jour du mois de Janvier de l'an mil huit cens vingt-trois.

L'Abbé de la ROCHE-AYMON,
Administrateur spirituel de l'ancien diocèse et métropole de Toulouse, les anciens siéges vacans.

____

(a) *St.-August.*
(b) *I. ad Cor. XVI*, 22.

J'Ai reçu votre lettre du 24 Décembre, Monsieur, ét j'y trouve cet esprit de zèle, de justesse et d'ordre qui caractérise le vrai pasteur. Elle m'a édifié et consolé ; j'espère toujours que la miséricorde divine n'a pas abandonné notre infortunée Eglise, quand je vois qu'elle nous conserve de tels coopérateurs et qu'elle entretient de son feu divin cette ardeur apostolique qui vous anime. Je me suis empressé de faire partager à mes confrères cette consolation, et ils ont partagé tous mes sentimens. Ils ont senti, comme moi, que nous devions faire tout ce qui dépendait de nous pour aider un zèle aussi pur, aussi actif et aussi utile que le votre. En conséquence, sans nous arrêter à discuter jusqu'à décision définitive la question de la continuité de vos pouvoirs, nous nous sommes occupés de votre juste désir d'avoir un chef pour cette malheureuse province de Toulouse que feu mon ami gouvernait par vos soins et travaux. Je vous remercie du désir que vous aviez que je pusse être ce chef ; mais il faut que l'ordre se suive autant que possible, et en le suivant vous ne pouvez qu'y gagner. Comme vous dites fort bien, ce sont M. l'archevêque de Narbonne et M. l'évêque de Rodez qui sont les plus voisins. Le second a l'avantage de la connaissance des lieux, ayant été grand-vicaire de Toulouse, avec celui que nous regrettons et dont il était l'ami. D'après cela, il a été convenu que M. l'archevêque de Narbonne prendrait le gouvernement de toute la province de Toulouse, et que, vû son grand âge, il donnerait tous ses pouvoirs à M. l'évêque de Rodez, qui, tant en vertu de ces pouvoirs, que comme plus voisin après M. l'archevêque de Narbonne, administrera ladite province de Toulouse. D'après cet arrangement, Monsieur, c'est donc à M. l'évêque de Rodez que vous devrez vous adresser, en vous servant toujours de la même voie, si vous n'en trouvez de plus commode et plus prompte. Mon respectable correspondant en sera prévenu et lui fera passer vos lettres. Vous avez, comme de raison, réuni les suffrages des deux administrateurs conjoints pour gouverner en leur nom. Par ce moyen toutes les inquiétudes seront levées, même les votres, dont je respecte le motif, sans cependant adopter les raisons. Je reste, pensant toujours avec plusieurs de mes confrères, que vous pouviez et deviez exercer par continuité, jusqu'à ce que vous ayez été légitimement remplacé. J'adopte tout ce que vous me dites pour appuyer l'opinion contraire, mais je n'en adopte pas l'application. Ces règles et décisions sont pour des temps ordinaires, où la distance entre la mort du titulaire et le remplacement légitime de son autorité était assez courte pour que la continuation des pouvoirs délégués pussent suffire. Mais, dans des temps comme ceux-ci, le principe qu'il faut que l'Eglise de Dieu soit toujours gouvernée et sans interruption ; le motif de la loi de la charité qui, comme vous dites si bien, remplace la loi canonique quand l'exécution de celle-ci est impossible, tout cela réuni nous fait persister à croire que, par exception, vû les circonstances, les pouvoirs continuent jusqu'à ce que de nouveaux légitimes viennent les remplacer. Tout ce que vous me dites de Saint-Eusèbe de Samosate, le passage si fort de St.-Cyprien trouvent là leur application. Au reste, ce que je vous en dis n'est que pour vous faire connaître les motifs de ma permanence dans mon opinion, car, vû l'arrangement pris, cela vous devient inutile. Adieu, Monsieur, il ne me reste qu'à vous assurer de nouveau de tous les sentimens que vous méritez et auxquels vous acquerrez tous les jours de nouveaux titres.   † **L.**, évêque d'Uzès.

VOtre lettre à M. l'évêque d'Uzès, du 24 décembre dernier, Monsieur, a été vue et mûrement considérée dans l'assemblée des évêques catholiques de l'Eglise Gallicane, qui sont actuellement résidens à Londres, et je dois vous communiquer le résultat d'une détermination qui a été prise à cette occasion. — La mort de notre illustre confrère N. de Chauvigny de Blot, dernier évêque de Lombez, ayant laissé non-seulement son diocèse, mais encore la métropole et toutes les autres églises de la province de Toulouse absolument destituées de premiers pasteurs légitimes, M. l'archevêque de Narbonne, aujourd'hui le métropolitain le plus voisin de ladite province, et qui joint à cette circonstance la qualité de primat de la Gaule Narbonnaise, a cru devoir, à ce double titre, étendre sa sollicitude pastorale et sa jurisdiction spirituelle jusques sur les habitans de cette portion intéressante de l'Eglise de France. Ce prélat

en a conséquemment saisi l'administration et s'en
est déclaré le supérieur et le légitime pasteur —
D'un autre côté la proximité du diocèse de Rodez,
dont je suis le véritable et seul évêque , mes anciens
rapports avec la métropole de Toulouse , les lois de
la charité et la solidarité de tous les pasteurs catholiques dans le droit et l'obligation de pourvoir, autant
qu'il peut dépendre d'eux , au service de l'Eglise
et au salut du troupeau commun, et un grand
nombre d'autres considérations ont dû être pour
moi des motifs suffisans pour partager , dans les
circonstances présentes , la sollicitude de M. l'archevêque de Narbonne , et pour coopérer avec lui
dans l'importante administration dont ce prélat
vient de se charger. — M. l'archevêque de Narbonne m'a fait dépositaire de son autorité et de
tous ses pouvoirs sur la province de Toulouse ; il a
cumulé sur ma tête et ajouté aux droits que je
pouvais avoir déjà à l'égard de Toulouse et de ses
diocèses suffragans , toute la jurisdiction et supé-
riorité dont il est lui-même investi et revêtu , et
nos sentimens à cet égard , et nos relations mutuel-
les et nos droits réciproques sont consignés dans un
acte dressé et signé de nous deux , lequel doit
rester entre nos mains. — Cet acte déclare *Arthur-
Richard DILLON* , *archevêque et primat de Narbonne* , le seul et légitime pasteur de la province
ecclésiastique de Toulouse, et moi, *SEGNELEY-
COLBERT* , *évêque de Rodez* , collaborateur de ce
prélat dans le gouvernement spirituel de ladite
métropole et des églises qui en dépendent, et cela
tant que dureront les pénibles circonstances dans

lesquelles gémit actuellement l'Eglise Gallicane. —
Mais attendu la difficulté, et en ce moment l'absolue
impossibilité où nous sommes d'exercer par nous-
même le ministère sacré dans tout le pays qui se
trouve actuellement sous notre jurisdiction, il nous
est devenu important et nécessaire d'y établir des
hommes capables et éprouvés pour tenir notre
place et exercer nos pouvoirs. Et à qui pouvons-
nous mieux nous adresser, Monsieur, qu'à vous,
qui avez déjà donné à l'Eglise de Dieu et à votre
patrie tant de preuves utiles de votre zèle, de votre
prudence et de la conduite la plus exemplaire.
En nous joignant au tribut d'estime, d'éloges et
de confiance que vous méritez si bien et qu'a si
bien exprimé notre respectable Confrère dans la
réponse que contient la première feuille de la présente dépêche, nous nous réunissons, M. l'archevêque de Narbonne et moi, évêque de Rodez, pour
vous offrir et pour vous prier, Monsieur, d'ac-
cepter nos pouvoirs ordinaires et extraordinaires
dans toutes les parties de la province de Toulouse.
Nous vous déléguons lesdits pouvoirs en quoi qu'ils
puissent consister, avec la même étendue et de la
même manière dont feu M. l'évêque de Lombez
vous avait revêtu des siens. Nous recevrons avec
plaisir et reconnaissance les informations et avis que
vous pourrez et voudrez bien nous adresser sur
l'état actuel de l'Eglise de Toulouse et tous les
divers événemens qui pourront intéresser le bien
spirituel et temporel des fidèles dont nous vous
remettons le gouvernement et le soin au nom de
J.-C. et de son Eglise. Je serai aussi exact à ré-

2

pondre à vos lettres que les circonstances pourront le permettre, et je vous prie de me croire, Monsieur, avec les sentimens les plus distingués d'estime et d'attachement, votre très-humble et très-obéissant serviteur,

† S., *évêque de Rodez.*

Londres, le 4 Mars 1804.

Le même prélat, écrivant encore à M. L., sous la date du 30 juillet 1806, gémissant sur les grands maux qui affligeaient l'Eglise et l'État, lui marque :

— Nous qui marchons sur des principes plus sains, n'avons dans ce moment d'autre consolation que la certitude de la justice de notre cause, la résolution de la soutenir et, s'il le faut, de mourir pour elle. Nous gémissons sur les maux que nous ne pouvons ni prévenir ni empêcher, et notre ressource la plus assurée sera notre propre innocence jointe au bonheur d'avoir toujours le cœur pur et les mains nettes de toutes les horreurs que nous avons vu ou voyons tous les jours commettre.

Vous me demandez ce que j'entends par les pouvoirs *extraordinaires* que je vous ai accordés par la lettre que vous avez reçue de moi : J'ai entendu ajouter à ceux qu'il a dépendu de moi de vous conférer, soit en ma qualité d'évêque de Rodez, soit comme évêque appelé par la nécessité des circonstances au soin et au gouvernement du diocèse et de la province que vous habitez, d'ajouter, dis-je, tous les pouvoirs extraordinaires, en quoi qu'ils puissent consister, que nous avait conférés Pie VI, de glorieuse mémoire, avec faculté de les communiquer et déléguer. Je pense qu'avant moi M. l'évêque de Lombez vous en avait revêtu, et je pense que tous les pouvoirs que les évêques restés fidèles tiennent de cet illustre Pape sont constamment en vigueur, et je m'empresse de vous les conférer dans toute leur étendue.... *Et plus bas :* Si tous prêtres catholiques et vraiment orthodoxes se trouvent déportés dans quelque part du globe que ce soit, et notamment dans quelques-unes des îles françaises, où il n'y a ni évêques, ni grands-vicaires, ni ministres fidèles, ils pourront (et moi, à cause de la nécessité des circonstances, je leur en accorde le pouvoir) travailler, conduire les âmes, exercer toute jurisdiction spirituelle. Je les invite tous à cet acte de charité et, au nom de l'Eglise Gallicane, je les y autorise et unis mes vœux aux leurs, pour que la vérité prospère par leurs efforts soutenus par la grâce d'en-haut, et que ceux qui ont eu le malheur de s'écarter des vrais principes, y retournent promptement, et rendent gloire à Dieu de ce changement. — Adieu, Monsieur, recevez l'assurance que je vous renouvelle de mon estime et de la grande confiance que m'ont inspirée votre zèle et vos vertus.

† *S.*, *évêque de Rodez.*

Autre lettre de Mgr. l'évêque de Rodez, datée des premiers jours de l'année 1810, *imprimée et publiée déjà, mais que nous croyons nécessaire de faire imprimer de nouveau, parce qu'à raison des circonstances, on pensa qu'il était nécessaire d'en supprimer le commencement, qu'il convient de faire connaître aujourd'hui. Nous avons l'original sous les yeux, signé de son auteur.*

UNe lettre, qui a passé par l'Espagne, est arrivée ici, à Londres. Elle commence par ces mots : *Trois ch. de P.* Elle a en tête 25 novembre. Je vois que vous pensez bien de la catholicité des ch. , mais non de leur droit de prendre possession du gouvernement spirituel de ce diocèse , vacant par la démission du dernier titulaire. Ils ont laissé le temps prescrit par le concile de Trente , pour cette prise de possession, s'écouler sans effet, et vous croyez qu'il n'est plus en leur pouvoir d'y revenir. — Les évêques de l'Eglise Gallicane qui sont réunis à Londres ne pensent pas de même. Dans la crise terrible que vient d'essuyer l'Eglise de France, on ne peut exiger des corps ecclésiastiques l'observation rigoureuse des formes. Il faut, avant tout, s'assurer de la foi et de la doctrine de ces corps qui ont réclamé les droits que vous leur contestez. — Nous avons ici la consolation d'apprendre que les ch. de P. sont restés fidèles à l'unité catholique, et sur le champ l'assemblée des prélats d'ici a donné son approbation à leur prise de possession, nonobstant le parti tardif qu'ils ont pris, et que la nécessité et le danger des circonstances ont pu faire excuser. — Nous avons reçu , d'un de ces trois ch. , une lettre qui a rendu compte de ce qui s'est passé, et nous avons ratifié et consolidé cette opération, que nous avons déclarée *juste* , appropriée aux circonstances et salutaire. Nous désirons, Monsieur, que vous , qui avez si bien mérité de la religion et

et qui possédez notre confiance , vous vous rap-
prochiez de ces ch. de P. et vous entendiez avec
eux pour le bien et le salut des âmes. S'il y a des
points sur lesquels il vous arrive de n'être point
d'accord , ayez soin de dresser un exposé du diffé-
rend , et soumettez-en la décision , sans autre con-
dition que la vérité des faits , à la détermination
qui sera prise ici par l'Eglise Gallicane, dont la plus
grande partie existante est actuellement à Londres,
et dont je suis en ce moment l'organe auprès de
vous.

Nous prions le Seigneur pour qu'il daigne en-
voyer son esprit sur vous tous , et qu'il fasse régner
au milieu de vous tous *une foi pure* , une charité
sans bornes et une prudence consommée ; soyez
parfaitement d'accord entre vous; et si par malheur
cette harmonie était le moins du monde troublée ,
je viens de vous indiquer le moyen auquel il faut
avoir recours pour la rétablir. — N'ayez aucune
communication spirituelle avec les hérétiques et
schismatiques notoires, ni avec ceux qui les favori-
sent ; cela ne nous oblige pas à rompre la paix extérieure avec eux : Retenez pour eux des sentimens et
le langage de la bienveillance et de la charité que
Dieu nous recommande envers tous les hommes,
même nos ennemis. Donnez une attention plus
particulière à ceux d'entre eux qui témoigneraient
le désir de revenir de leurs erreurs passées et de se
réunir à l'unité catholique. — Gardez-vous de re-
connaître comme vrais pasteurs , et de confondre
avec la sainte Eglise Gallicane ces différens assem-
blages d'évêques, de prêtres et de ministres infé-

rieurs , que vous trouvez répandus depuis quelque temps dans le royaume , et que l'on a voulu décorer du nom d'Eglise , soit *consulaire* , soit *concordatiste* , soit qu'on les désigne sous toute autre dénomination , pour autoriser ou leur existence , ou leur doctrine , ou leur culte. — Ce sont autant de productions de l'esprit des ténèbres enfantées par la révolution française , nées de l'impiété , fomentées par l'orgueil , l'ambition , l'avarice , la cupidité et par toutes les passions , combinées d'un autre côté avec l'ignorance , la mauvaise foi , la pusillanimité , l'oubli des règles , le mépris des principes , et tout ce qui produit et entretient le désordre. Là ne respire pas l'esprit de Jésus-Christ ; là ne se perpétue pas sa doctrine ; là n'existe ni la liberté de l'enseignement ni celle qui doit être inséparable de la conduite des choses saintes. Une main profane et usurpatrice a tout envahi ; la cité sainte est la proie des incirconcis , ses défenseurs ont été obligés de prendre la fuite , et son chef même n'a pas tenu contre la crainte ou la séduction , les ruses et la perfidie de l'homme injuste et puissant.

Nous sommes des soldats épars , qui combattons encore pour la défense du camp d'Israël ; mais que pouvons-nous contre tant et de si formidables adversaires , à moins que Dieu ne vienne à notre secours et ne dissipe , par sa grâce toute-puissante, l'erreur et les prestiges qui ont fasciné les yeux et égaré l'entendement de cette multitude énorme de nos compatriotes qui se sont soulevés contre le Christ et son Eglise , et ont sacrifié à un vil intérêt leur honneur, leur conscience, leur Roi et leur Dieu. C'est avec de pareils hommes que nous vous interdisons toute communication dans les choses spirituelles ; c'est de tels pâturages qu'il faut détourner vos troupeaux : Fuyez les loups qui les obsèdent, et n'entrez pas dans des bercails où les lions et les tigres attendent et guètent leurs victimes pour les égorger et les dévorer.

Mais si vous rencontrez des hommes qui n'ont point fléchi le genou devant *Baal*, de vrais français qui n'ont pas renoncé à leur loyauté, et restent fidèles aux principes, à la morale et à la profession de la vraie religion, ayez pour ceux-là les plus grandes attentions, comblez-les d'égards et de bénédictions. Soyez dans tous vos rapports avec les autres hommes ce que l'Homme-Dieu recommande à ses apôtres, *prudens comme des serpens et innocens comme des colombes.* — Ce ne sont pas les évêques démissionnaires qu'il faut entendre sur les questions dont vous faites mention dans votre lettre, à moins que la décision de ces démissionnaires ne soit jointe à celle des évêques de l'Eglise Gallicane qui ont conservé leurs siéges et en sont restés titulaires. Ces *démissionnaires* ne devraient pas chercher à désoler, ils ne devraient pas *pouvoir* désoler les consciences, après en avoir abandonné le soin et la garde : Qu'ils ne viennent plus jeter l'incertitude et le trouble parmi nos ouailles, avec leurs frivoles distinctions entre les *constitutionnels*, les *consulaires*, les *concordatistes*, etc., etc., etc. Toutes ces sectes, qu'on a décorées du nom d'Eglise, sont entachées des vices qui sont analogues à chacune d'elles : Elles ne viennent pas de Jésus-Christ ; il ne faut pas communiquer avec elles , à moins que leurs sectaires ne reviennent de leurs erreurs, c'est-à-dire, à moins qu'ils ne renoncent aux systèmes qu'ils suivent, à moins qu'ils n'y renoncent formellement, et n'en fassent pénitence, que les sectaires soient ecclésiastiques ou laïcs ; la faute des premiers est sans doute plus grave que celle des seconds, mais les uns et les autres sont indubitablement tenus d'y renoncer et de s'en repentir pour pouvoir être réconciliés avec Dieu et son Eglise. — J'approuve, Monsieur, en entier et suivant leur forme et teneur, ainsi que les raisonnemens sur lesquels vous les appuyez, les assertions qui terminent votre lettre du 25 novembre, sur les différentes sectes *constitutionnelles*, *consulaires*, etc. Je ne repète pas ces assertions, parce que je me trouve borné et circonscrit dans l'espace qui me reste encore pour vous parler d'autres choses.

Il est nécessaire, sans doute de prévoir tout ce qui peut jeter de la longueur et de l'embarras dans la correspondance entre les différentes parties orthodoxes de l'Eglise Gallicane, dans les différens pays où elle existe encore. Je suis, quant à présent, chargé avec vous de cette correspondance : Si je viens à manquer, voici les noms auxquels vous pouvez vous adresser à ma place : Aux évêques d'Uzès, d'Angoulême, de Nantes, d'Aire, de Vannes, de Blois, de Montpellier. Vous saurez d'ailleurs par quelles voies cette correspondance pourra passer et s'entretenir. Celle d'aujourd'hui va par l'Espagne, et je laisse à notre obligeant intermédiaire le soin de vous instruire de quelle manière vous devez vous y prendre pour en profiter. Je vous prie, de votre côté, de m'indiquer des personnes orthodoxes et zélées, auxquelles nous pourrons avec confiance nous adresser en France, pour les affaires qui intéressent le salut des âmes et l'unité catholique, dans le cas où nous aurions le malheur de vous perdre.

Adieu, Monsieur; répondez-moi quand et comme vous le pourrez; et rendez justice aux sentimens d'estime et d'attachement qu'a pour vous votre très-humble et très-obéissant serviteur,

† *SEGNELAY*, *évêque de Rodez*, relégué pour la foi de N. S. J.-C.

Autre Lettre du même Prélat à M. F. C. de P.

Londres, dans les premiers jours de l'an 1810.

Monsieur, un vertueux ecclésiastique, *A.*, résidant dans une des villes d'Espagne, votre connaissance et notre correspondant, a fait passer à Londres, à l'adresse de Mgr. l'évêque d'Uzès, une lettre datée de P., le 19 de septembre 1809, et venait à M. *Ccc. de B.* Le prélat, après avoir pris connaissance de ladite lettre, a eu la bonté de me la communiquer sur le champ. J'en ai conféré avec mes illustres et vénérables confrères, les évêques de l'Eglise Gallicane qui sont actuellement relégués en Angleterre et souffrent pour la foi catholique à Londres.

La lettre, Monsieur, dont je viens de faire mention, nous a donné plusieurs informations relatives au diocèse et ch. de P. — 1°. Les ch., à ce que l'on assure, sont restés fidèles à l'unité catholique : c'est pour nous un grand sujet de consolation et de joie.

2°. Nous apprenons aussi, par la même voie, que le siége de P. étant devenu vacant par la démission du dernier évêque qui y était assis légitimement, les vénérables ch. se sont mis en possession du gouvernement spirituel, et ont nommé des vicaires généraux pour, en leur nom et par leur autorité, exercer la jurisdiction et régler l'administration du diocèse.

3°. Que lesdits vicaires-généraux des ch., pour éviter tous les inconvéniens, ont cru devoir continuer, comme auparavant, les pouvoirs accordés sans limites aux prêtres par leurs supérieurs légitimes, comme aussi permettre, dans ce même diocèse, l'usage des œufs, des laitages pendant tous les carêmes, jusqu'à ce qu'un évêque légitime soit chargé, comme pasteur ordinaire, de la conduite des âmes.

Telles sont, Monsieur, les informations que nous a données votre lettre du 19 de septembre dernier. Les évêques de l'Eglise de France ont mûrement considéré les objets sur lesquels vous avez désiré d'avoir leurs avis. Ces prélats ne font aucune difficulté de décider, 1°. Qu'après la vacance bien constatée du siége de P., les ch. de l'église cathédrale ont usé de leurs droits, lorsqu'ils ont pris possession de l'administration spirituelle et qu'ils ont nommé des grands-vicaires pour exercer la jurisdiction. 2°. Que les prêtres auxquels lesdits grands-vicaires ont continué les pouvoirs que ces

prêtres tenaient auparavant de leurs supérieurs légitimes , continuent aujourd'hui de les exercer
validement et comme les délégués des ch. les leur
ont conférés et dans la *même étendue* , s'il n'y a
point d'autre raison canonique et connue qui s'y
oppose. 3°. Qu'à la vérité l'on a objecté aux ch.
de P. qu'ils ont laissé passer les délais prescrits par
le concile de Trente pour la prise de possession
après la vacance de siége. ⎯ Mais cette objection
doit-elle et peut-elle valoir contre le droit de ces
vénérables ch. , dans les terribles circonstances que
vient d'éprouver l'Eglise Gallicane de nos jours ?
Ce n'est pas dans une telle crise qu'on peut exiger,
des corps ecclésiastiques , l'observance rigoureuse
des formes , au risque pour un corps orthodoxe de
perdre à l'avenir les droits et prérogatives qu'il
possédait. Les évêques de France pensent que c'est
ici le cas d'une exception à une règle générale, et
l'assemblée de ces illustres prélats , dont je suis en
ce moment l'organe auprès de vous , Monsieur ,
m'ordonne de rassurer à cet égard les consciences ;
et s'il pouvait encore rester quelque scrupule sur
lesdits droits desdits ch. cathédraux , de le lever et
de ratifier la conduite de ces vénérables ch. de P.,
en ajoutant toute l'autorité de l'Eglise Gallicane
pour approuver et consolider cette opération juste ,
canonique et salutaire. 4°. D'après votre lettre, qui
nous est arrivée ici par l'Espagne et d'après les
notices qui nous sont venues d'ailleurs , Monsieur,
nous croyons sans difficulté à la pureté et à la
sagesse de votre zèle et à votre persévérance dans
l'unité catholique ; et reconnaissant vos confrères ,

vicaires généraux délégués par les ch. de P., les seuls et vrais administrateurs de ce diocèse dans la circonstance actuelle, nous désirons de nous appuyer de votre secours pour avoir de justes notions sur l'état actuel de l'Eglise dans les parties méridionales du royaume qui vous avoisinent. 5°. Mettez une grande prudence et une grande réserve dans votre conduite et dans vos rapports avec les autres prêtres qui travaillent sous vous ou avec vous dans la vigne du père de famille. N'entretenez aucun commerce spirituel avec les schismatiques et hérétiques notoires ; mais conservez avec eux la paix extérieure et des entrailles de charité à leur égard, dans les cas surtout où ils auraient le désir de revenir de leurs erreurs et à *l'unité catholique.* 6°. Mon intention est d'écrire par la présente occasion à M. L., qui a si bien et depuis si long-temps mérité de l'Eglise de Dieu, d'abord sous les yeux et d'après les avis de feu Mgr. de Chauvigny de Blot, évêque de Lombez ; ensuite sous l'autorité de Mgr. Dillon, archevêque et primat de Narbonne, aussi défunt : Aujourd'hui c'est moi, évêque de Rodez, qui me trouve, par le désir de mes vénérables confrères, les évêques de la véritable Eglise Gallicane, chargé de vous donner les mêmes soins que vous avez reçus de mes deux illustres et défunts prédécesseurs. — Je ferai part à M. L. des dispositions que contient, à votre égard et à l'égard des ch. de P., ma présente lettre, que je vous prie de lui faire lire d'un bout à l'autre, et de vous réunir avec lui pour le plus grand bien du troupeau de Jésus-Christ ; qu'une paix et une harmonie inaltérable et une charité sans bornes régnent au milieu de vous : et s'il survient des points sur lesquels il vous arrive de n'être pas d'accord , mettez ces points par écrit dans un exposé clair et succint , communiquez le tout aux évêques de l'Eglise de France qui sont à Londres ; ces prélats vous répondront , et il faudra vous en tenir simplement et uniformement à leur décision , que vous devez regarder comme celle de l'Eglise Gallicane. Mais , 7°. Gardez-vous de confondre , avec cette Eglise sainte , *l'assemblage impur* d'évê- ques , de prêtres et de ministres inférieurs que l'on a décoré dernièrement du nom d'Eglise de France, et qui n'en a ni les caractères , ni les droits , ni aucun des principes. — *Ce rassemblement* doit son existence à un *acte* émané de la chancellerie romaine , connu sous le nom de *concordat.* La prétendue Eglise est *l'Eglise concordatiste*, laquelle a pour auteurs les suppôts de l'usurpateur Buona- parte et les ministres ignorans ou pusillanimes du Pape Pie VII.

Lorsque le Fils de Dieu descendit du Ciel et remplit sa mission sur la terre en sauvant le genre humain , il institua son Eglise pour perpétuer l'œuvre de notre salut , en enseignant sa doctrine à toutes les nations de la terre. Douze Apôtres , témoins des miracles , de la mort et de la résur- rection de l'Homme-Dieu , furent les premiers prédicateurs de sa loi aux peuples de la terre. Il organisa lui-même , de sa bouche sacrée , le corps mystique qui devait être le dépositaire de sa doctrine, le distributeur de ses grâces et l'organe de ses mystères, afin d'assurer aux autres hommes le bienfait de la rédemption, qui est le salut éternel.

A la tête de ces douze Apôtres il mit un chef, et ce fut *Pierre* que le Seigneur revêtit de certains droits et de certaines prérogatives, particulières à la place qu'il devait occuper dans cette divine institution. Il y fut le premier appelé, et, comme tel, revêtu de la primauté d'honneur et de jurisdiction, et c'est sous ce rapport inaltérable que Pierre et les Papes ses successeurs se présentent dans le gouvernement de la cité sainte, et paraîtront jusqu'à la consommation des siècles. — Mais lorsque le fondateur de la religion appela ainsi le prince des *Apôtres*, il appela aussi ceux-ci, qu'il revêtit également de droits certains, et chargea de devoirs et de fonctions inviolables. Ce fut à eux qu'il confia le soin, conjointement avec Pierre et sous Pierre, de gouverner son Eglise ; ce fut à tous ensemble qu'il donna le pouvoir de remettre ou de retenir les péchés des hommes ; ce fut à tous ensemble qu'il promit d'être avec eux tous les jours, jusqu'à la fin du monde ; ce fut à tous ensemble, et non à un seul séparé des autres, qu'il permit d'établir un gouvernement et une règle pour que tout se passe dans l'ordre, avec justice, décence et charité dans la conduite du troupeau. Jésus-Christ ne donna pas à Saint-Pierre le pouvoir de gouverner l'Eglise despotiquement, d'y exercer une autorité absolue et arbitraire, d'agir dans la disposition des choses de Dieu, sans consulter les règles saintes et se conformer aux principes et à la discipline qui ont toujours conduit l'administration spirituelle. Pierre et les Apôtres reçurent une mission divine : le Pontife Romain est le successeur de Pierre ; les Apôtres ont pour successeurs les évêques : on ne voit ni *quand* ni comment le chef peut se croire autorisé à enfreindre par un simple acte de sa volonté la loi qui, partant d'une source divine, s'étend sur tout le corps : Mais Pie VII, dans l'acte appelé son *concordat*, a opéré les changemens les plus inouis, les plus étendus et les plus funestes ; il a pris sur lui de destituer les évêques de leurs siéges sans formes de procès, sans grief, et l'on peut ajouter sans raison ; il a éteint les titres, bouleversé les diocèses, multiplié à l'infini les réformes, sans consulter et sans entendre ceux que Jésus-Christ lui ordonna positivement de consulter et d'entendre, avant de pouvoir rien tenter de pareil dans le lieu saint. Ah ! nous soumettrons-nous à ces nouveautés ? Serons-nous assez lâches pour abandonner le dépôt que le Sauveur du Monde nous a confié, pour nous soumettre à une autre Eglise qu'à celle fondée par J.-C. sur le ministère des douze Apôtres, et conformement aux principes que leurs prédications nous ont transmis.

Je termine ici, Monsieur, ma lettre d'aujourd'hui, dont je vous prie de m'accuser la réception par la voie que la providence nous offre, et que *A* vous apprendra en vous faisant passer ma dépêche.

J'envoye aussi à M. L. aujourd'hui la lettre

que je lui adresse , et j'espère sa réponse , ainsi
-que la votre. Adieu , Monsieur , rendez justice
aux sentimens de confiance, d'estime et d'atta-
-chement avec lesquels j'ai l'honneur d'être votre
très-humble et très-obéissant serviteur ,

† S., évêque de Rodez.

F I N.

(additio ad not. (6), pag. 2.)

De Expositione S^{ti} Aug. super Ps. 86

« ..... Duodecim Sedes, quid sibi velint, videamus.
Iste duodenarius Numerus Sacramentum est cujusdam
universitatis, quia per totum Orbem terrarum futura
erat Ecclesia; unde hoc aedificium vocatur ad Christi
compagem; (super fundamentum duodecim Apostolorum.)
Et ideò, quia indique venitur/intratur venitur ad judicandum,
duodecim sunt Sedes; sicut quia indique intratur in
civitatem illam (Sion, Sanctam Ecclesiam, regnum Dei)
duodecim sunt Portae. Sunt autem duodecim Portae
Apostoli, quia per ipsos intramus ad Regnum Dei;
praedicant enim Nobis, Et cùm per ipsos intramus,
per Christum intramus; ipse etiam est Janua; totum
dicuntur duodecim Portae Jerusalem, et una Porta (hoc significat)
Christus, Et duodecim Portae Christus, quia in duodecim
Portis Christus: Et ideò, duodenarius Numerus Apostolorum
Sacramentum est majoris, hujus duodenarii significatio
est numeri. Sedebitis, inquit Christus, super duodecim
Sedes, judicantes duodecim Tribus Israël.

« igitur, non solùm illi duodecim et Apostoli, Paulus,
sed quotquot judicaturi sunt propter significationem
universitatis, ad Sedes duodecim pertinent, quemadmodùm
quotquot intrabunt, ad duodecim Portas pertinent &c.

« Non ergo, ad instigationem impiae Reipublicae

Gallicanae, in Scelere natae, extingui, supprimi, aut
annullari poterit. Pars quaedam hujus universalis
Numeri duodenarii, Pars qualiscunque sit harum
duodecim Sedium Christi. ~~novae~~ novae sic dictae sed
ad nutum Gallicani Gubernii, erectae, totidem sunt
Cathedrae Pestilentiae, in Regno Diaboli, loquentes
mendacium, in quibus non est veritas, linguis suis dolose
agentes, judica illas, Deus! (Ps. V, v. 6, 10, 11,)

(Si veritatem dico vobis, quare non creditis...?)